AF278657

LA FRANCE

ET

L'ANGLETERRE.

Par Ad. FÉLINE.

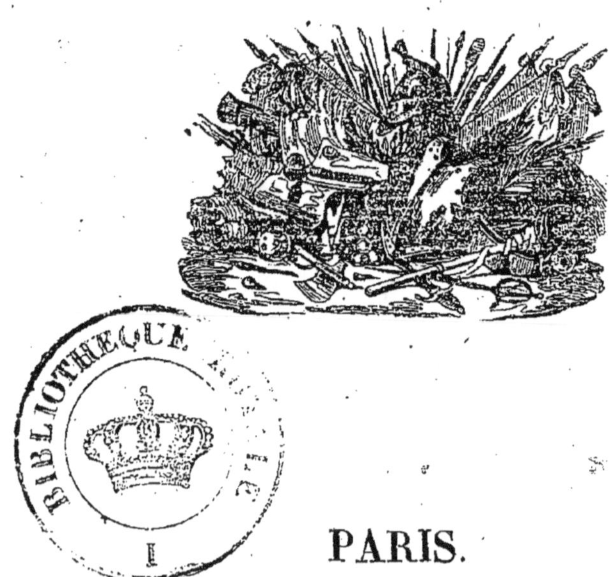

PARIS.

IMPRIMERIE DE GUIRAUDET ET JOUAUST,

RUE SAINT-HONORÉ, 315.

—

Décembre 1840.

LA FRANCE

ET

L'ANGLETERRE.

L'Angleterre triomphe, et la France succombe. Oui, un désastre plus grand que Waterloo vient de frapper la France : car Vaterloo c'était encore de la gloire, et la France a d'abord besoin de gloire! Mais la soumission de Méhémet-Ali, c'est la honte, et la honte nous tue. La honte! elle nous enlève toute puissance, toute force au dehors; elle nous ronge au dedans.

Sur les murs de Saint-Jean-d'Acre cinquante mille boulets anglais ont écrit ces mots de M. Guizot : *L'Angleterre désire affaiblir le pacha d'Égypte, de peur qu'il ne soit pour nous dans la Méditerranée un trop puissant et trop fidèle allié. — Lord Palmerston est convaincu que la France cédera et le laissera faire.* Et la France, si long-temps la protectrice des puissances secondaires, a cédé, a livré celui dont le seul crime était de faire craindre *un trop fidèle allié.*

C'est donc une honte d'être Français ? Ah! si je redis cette honte, si je ne la dévore pas en silence, Anglais, c'est pour vous la rejeter à la face, c'est qu'il nous est permis de vous dire : Il est cent fois plus honteux d'être Anglais.

Oui, dans les débats de l'adresse, la Chambre, toute préoccupée de cette honte de la France dont elle pouvait nous relever encore, s'est peu inquiétée des motifs qui avaient inspiré Palmerston. Mais aujourd'hui que nous sommes forcés de supporter les mépris de ces insolents vainqueurs, aujourd'hui nous pouvons dire et prouver que le rôle joué par l'Angleterre mérite autant de mépris, et cent fois plus de haine.

Vainement nous cherchions l'intérêt de l'Angleterre dans cet acte d'iniquité et de barbarie; nous devons le dire, dans l'innocence de notre âme, nous ne l'eussions jamais deviné. Il a fallu que M. Guizot, homme perspicace et fin, passât un an à Londres à fouiller dans le cœur de ce cabinet pour découvrir que c'était la *crainte* et *l'envie*. Quoi! c'est la grande, la puissante Albion, avec ses trois royaumes et ses cent millions de sujets ; avec ses possessions dans les quatre parties du monde ; avec ses citadelles qui dominent toutes les mers ; avec ses flottes nombreuses, ses navires, ses marins, son commerce ; avec ses trésors, son industrie, le génie et le courage de ses habitants; c'est elle qui redoute Méhémet-Ali! un pacha, possesseur précaire d'une province ; un barbare qui a deviné, arraché quelques uns des rayons de notre civilisation, qui a commencé à régénérer l'Egypte ! Mais cet homme a neuf vaisseaux, et l'Angleterre le hait! Neuf vaisseaux qui n'en valent pas quatre ; n'importe : l'Angleterre veut le détruire, incendier sa flotte, égorger ses soldats et bombarder ses villes. Ses vaisseaux, voilà son crime ! car *l'Anglais craint en lui un trop puissant et trop fidèle allié de la France*!

Entendez-vous, nations de la terre! l'Angleterre se pose en dieu fort et jaloux, elle traite comme rebelle quiconque a des vaisseaux. Qui de vous, comme l'Egypte, possède un seul port et prétend armer un bâtiment sera l'ennemie de l'Angleterre; elle conjurera sa perte, elle la poursuivra de ses astucieuses intrigues, elle fera révolter ses sujets, elle écrasera ses villes.

Une politique honteuse et machiavélique dirigera donc toujours les conseils de l'aristocratique Angleterre! Les incendiaires de Copenhague et les bourreaux de Naples revivent donc dans leurs enfants ?

Mais du moins, misérables, vos pères avaient un prétexte ; une lutte acharnée, une lutte à mort avec la France, semblait sinon excuser, du moins motiver leurs trahisons et leurs assassinats. Mais vous, c'est lorsque l'alliance sincère de la France vous assure la paix, vous couvre de tous dangers, qu'une lâche et honteuse envie, une basse jalousie, une crainte incessante, vous dévorent et vous poussent à détruire tout germe de puissance. Oh! oui, tyrans des mers, vous éprouvez l'insomnie des tyrans; il n'est si petit qui ne vous porte ombrage , si faible qui ne vous fasse trembler! Oui , de continuelles alarmes vous condamnent à de continuels assassinats!

Que l'on compare la sincérité, la loyauté des deux alliés. La France, par ses soins, aplanissait pour l'Angleterre les difficultés que son injustice avait soulevées à Naples. Loin de rougir de cet acte, notre cabinet doit s'en enorgueillir, et la France doit le remercier d'avoir poussé la loyauté jusqu'à la duperie. Et c'est pendant ce temps que l'Angleterre conjure la perte de l'homme dont tout le crime est d'avoir inspiré les sympathies de la France. L'Angleterre condamne donc le monde à la barbarie, car la France aura toujours des sympathies pour le génie.

Voilà l'usage que fait cette puissance de cette suprématie des mers, de ce puissant trident de Neptume! Sous toutes les formes et sous tous les prétextes, elle rançonne toutes les nations, et impose à coups de canon son infâme commerce. A Naples, elle tyrannise, par la plus inconcevable injustice, l'indépendance d'un souverain; et quelques marchands anglais établis dans un pays entravent son administration, et lui enlèvent toute liberté. En Chine, c'est bien pis encore. Vainement un gouvernemént sage veut proscrire un fatal poison qui dégrade et abrutit l'homme, le prive de ses facultés; l'Angleterre arme ses flottes, embarque ses esclaves enrégimentés de l'Inde, et la Chine n'a plus que le choix entre le fer, le feu et le poison.

Ah! nation de Shylok, tu regarderas donc toutes les autres comme tes débitrices, et, à défaut d'argent, tu prendras leur chair par milliers de quintaux!

Qu'un cri de mépris et de haine s'élève donc d'un pôle à l'autre, qu'il fasse le tour de la terre, et que l'Angleterre soit maudite! Maudite la nation infâme! Maudite celle qui boit le sang de ses frères! Maudite celle qui pour de l'or commet incessamment tous les forfaits!

Si du moins l'Angleterre avait la franchise du crime; si, comme les conquérants barbares, elle avouait que la force est son droit, et le pillage son but; si, comme les juifs du moyen âge, elle avait le cynisme de l'avarice! Mais non, la dévote, la philanthropique Angleterre, toute confite en Dieu, toute morale en paroles, toute paternelle dans ses écrits, nous a rendu les dupes de son hypocrisie.

Elle émancipe les hommes et subjugue les nations ; elle tend la main aux noirs et massacre les blancs ; ses sociétés de tempérance proscrivent le gyn et l'eau-de-vie, mais elle impose l'opium, cent fois plus pernicieux. L'Anglais isolé affecte la loyauté, la franchise, l'humanité ; il aspire à toutes les vertus ; mais il soutient, il veut un gouvernement qui commette tous les crimes à son profit.

Le monde sera-t-il donc encore dupe de cette honteuse duplicité ? Que tout Anglais soit interrogé, que l'on n'accorde d'estime qu'aux adversaires de Palmerston et de sa politique ; que l'on voue à l'infamie quiconque le soutient, au mépris quiconque le souffre.

Je dois l'avouer et en faire amende honorable : l'un des premiers, le premier peut-être, dans deux écrits publiés en 1829, j'ai fait tous mes efforts pour resserrer les nœuds d'une alliance sincère entre les deux pays ; je pensais, je pense encore, que l'occupation de Constantinople par les Russes amènerait inévitablement leur domination sur toute l'Europe. Pour l'empêcher, je proposais une alliance européenne, et surtout avec l'Angleterre et l'Autriche. Après notre révolution de 1830, les mêmes questions se représentèrent, et l'alliance anglaise fut adoptée. Mais au lieu de prendre l'ambition russe pour motif, pour base de nos rapports, on fonda l'alliance sur la conformité des institutions, sur une similitude de révolutions, et la France négligea de rappeler la question de Constantinople. On le conçoit facilement de la part des hommes qui nous ont gouvernés depuis dix ans : se placer sur ce terrain, c'eût été provoquer l'inimitié de la Russie ; l'on n'avait pas assez d'énergie pour cela. Ce fut une bien grande faute : car, sur cette question, toute l'Europe se joignait à nous, et nous étions à sa tête. Sur la question constitutionnelle, au contraire, nous éloignions de nous les souverains de l'Allemagne, et nous nous mettions à la remorque de l'Angleterre, dont la révolution, de cent-soixante ans plus vieille que la nôtre, est presque de la légitimité. La France devait dire, comme Napoléon à Campo-Formio : « La monarchie de juillet n'a pas besoin d'être reconnue ; elle n'a pas besoin d'alliés : malheur à qui y touche ! » Cette fausse position, l'Angleterre nous l'a fait souvent expier par d'insolentes paroles : aujourd'hui elle a comblé la mesure.

Voilà donc la France isolée, ou forcée de choisir entre ces deux ambitions : la Russie, c'est la mort dans dix ans peut-être ; l'Angleterre, c'est la honte aujourd'hui, tous les jours. Voilà où nous a su conduire une politique malhabile, sans cesse aveuglée par la crainte. Et l'on nous demande pourquoi nous sommes de l'opposition !

Mais que l'Anglais suspende son insolent sourire. Si la France a faibli, c'est par la tête, non par le cœur. Ils ont pu nous voir unanimes. Une seule volonté a changé en un instant ce noble accord ; un instant peut suffire pour ramener cette unanimité qui les ferait trembler, et donnerait à lord Melbourne bien de la besogne pour *tout balayer*.

Si les ministres du 1er mars eussent été aussi hommes d'état qu'orateurs, quelle belle carrière s'ouvrait devant eux ! Ce qui fait le malheur de la France, c'est de s'exalter, de s'enivrer du mot de guerre. Dès qu'il est prononcé, un seul ennemi ne saurait nous suffire ; nous défions *Navarrais, Maures et Castillans*. Les ministres ont été trop peuple en ce sens. Si l'ardeur sans bornes est belle chez un peuple, elle est une faute chez des hommes d'état ; si les soldats de Napoléon ne comptaient pas leurs ennemis, c'est qu'ils avaient un chef qui pour eux les comptait et les recomptait sans cesse, qui par sa prudence méditait et préparait la victoire, ne leur laissant plus qu'à combattre.

La Prusse ni l'Autriche ne nous avaient pas offensés par la signature du traité de Londres ; nous en avions signé bien d'autres sans ces puissances. Leurs souverains n'ont rien fait ni rien dit qui ait pu nous autoriser à croire qu'ils voudraient jeter pour enjeu leur couronne dans une guerre continentale afin d'arracher la Syrie au pacha, ni même pour défendre l'Angleterre compromise dans une guerre maritime.

Il fallait donc expliquer nos armements défensifs, ou mieux les réduire de beaucoup, car ils ont été naturellement suspects à l'Allemagne. L'Angleterre, en nous voyant menacer ou craindre sur le Rhin, a compris qu'elle pouvait tout oser.

La question une fois réduite, au contraire, à une guerre maritime, il y avait deux partis à prendre. Le premier était d'attaquer et de prendre la flotte anglaise pendant qu'elle était dispersée sur les côtes de Syrie et d'Égypte, de réunir à la nôtre ce qu'il y a de bon dans celle de Méhémet, de passer immédiatement dans l'Océan , et d'attaquer l'Angleterre avec vigueur sur tous les points.

Une telle guerre, conduite avec activité et énergie , pouvait en deux mois ruiner ses finances, sa marine, et la réduire à demander la paix.

Il ne semblait pourtant pas nécessaire d'employer de suite un moyen aussi barbare, aussi anglais.

On pouvait répondre à Palmerston que la France protestait, et qu'elle aviserait. Mais il fallait surtout accompagner cette déclaration de mesures qui annonçassent une volonté ferme. La première eût été de préserver notre armée d'Algérie. L'Angleterre savait qu'il y avait là soixante-dix mille hommes qui eussent été, dans ses mains, un gage contre nous : car la famine les lui eût livrés dès qu'elle nous eût empêchés de les ravitailler. Il fallait proposer un nouveau traité à Abd-el-Kader : non un traité bizarre comme celui de la Tafna, qui lui imposait un vasselage insupportable; mais un traité partageant l'Algérie, lui remettant tous les ports de l'ouest, et reconnaissant sa souveraineté et son indépendance. S'il l'eût refusé, il fallait encore évacuer les positions où nos troupes ne peuvent vivre sur le pays, la province d'Oran et les trois quarts de celle d'Alger, gardant seulement la province de Constantine, et le massif d'Alger, défendu par trois mille hommes et les colons, bien approvisionnés.

A ces mesures défensives, il fallait en joindre d'offensives ; faire rentrer notre flotte dans l'Océan, en la divisant par escadres dans les trois grands ports, avec des troupes prêtes à embarquer; avoir des troupes, des escadrilles, et des moyens de transport dans les ports secondaires.

Si l'Angleterre nous eût vu une semblable attitude, pouvant en huit jours jeter quarante mille hommes en Irlande pour y proclamer le rappel de l'union, qu'elle n'obtiendra jamais que par la force ; pouvant porter douze mille hommes dans le Canada pour y proclamer son indépendance; pouvant reprendre et émanciper le Cap, l'île de France, les îles Ioniennes, qui supportent impatiemment son joug; menaçant toutes ses possessions des Antilles, de la mer du Sud, et surtout des Indes; délivrant en Europe, en Amérique, des lettres de marque à des corsaires qui eussent achevé de ruiner son commerce; alors elle eût compris qu'il y avait quelque chose de sérieux dans nos menaces, et que la France véritablement avisait. Alors, se sentant vulnérable sur tant de points, et que nous l'étions sur si peu, elle aurait compris que des flottes doubles et triples des nôtres ne pourraient la garantir d'un effroyable dommage; alors le parti de la paix aurait chassé Palmerston. Oui, si nos hommes d'état avaient eu autant de tête que de cœur, s'ils étaient hommes d'exécution, hommes positifs et rationnels, quelque chose de taillé en petit sur le modèle de Napoléon; s'ils eussent eu, je ne dis pas son génie, mais sa forme d'esprit, ils se fussent sérieusement préparés à une éventualité de guerre maritime au lieu de rassurer l'Angleterre en alarmant l'Allemagne. Si, malgré les probabilités, on voulait se mettre en mesure de se défendre de ce côté, il suffisait de rappeler soixante mille hommes des classes, joints aux quarante mille revenus d'Algérie, et surtout de refaire la loi sur la garde nationale mobile, qui est complétement inexécutable.

Le premier effet de ces mesures eût été de suspendre l'exécution du traité de Londres. Les Anglais eussent senti la nécessité de surveiller nos armements, et, au lieu de renforcer leur flotte du Levant, ils l'eussent fait rentrer dans l'Océan. C'est ainsi que par notre seule attitude, et, sans tirer un coup de fusil, nous pouvions faire une puissante diversion en faveur du pacha d'Égypte (1). Les Russes seuls eussent pu exécuter le traité avec une armée traversant à grand'peine l'Asie mineure. La chose eût été longue, périlleuse, et nullement du goût des trois autres puissances. Le traité pouvait ainsi être rompu par la seule attitude de la France.

Aujourd'hui les faits et la honte de la France sont accomplis!

(1) Nos hommes d'état n'ont jamais compris la puissance des diversions, qui peuvent être si efficaces en politique comme en guerre. En 1831, nous pouvions en faire une puissante en faveur de la Pologne ; le général Guilleminot l'avait compris lorsqu'il avait passé au Divan une note ayant pour but d'inquiéter la Russie. Au lieu de le rappeler, il fallait appuyer sa note d'une flotte portant des troupes à l'entrée des Dardanelles. Cette simple démonstration obligeait la Russie à garnir six cents lieues de côtes ou de frontières au sud de l'Empire, et les troupes venues du Danube n'eussent pas battu le général Dwernicki au moment où il allait soulever la Volhynie.

accomplis avec l'aide de celui-là même qui avait si bien signalé toute l'infamie du cabinet anglais. Le monde redira notre honte, mais il dira que nous sommes plus à plaindre encore qu'à blâmer; il mesurera le mépris et la haine entre la France et l'Angleterre, et la plus grosse part ne sera pas pour nous. Ne désespérons donc pas de la patrie; mais rentrons en nous-mêmes, voyons combien il nous faut de fermeté et surtout de sagesse pour nous relever de cette défaite.

Je ne m'adresserai pas aux hommes qui dirigent maintenant nos destinées. A la face de l'Europe, ils ont refusé de poser un ultimatum, un cas de guerre quel qu'il fût; ils nous ont désarmés moralement, il ont encloué l'*ultima ratio regum*; et, dorénavant, ils feraient gronder le canon, que l'Europe le prendrait pour un canon de détresse.

C'est à la nation surtout que je veux m'adresser; elle possède l'énergie, qu'elle tâche d'acquérir la prudence. Une idée, une seule idée, doit la préoccuper : c'est la honte de la France. C'est son drapeau qu'il faut relever par d'unanimes efforts. Cessons toute opposition tracassière, et surtout toute opposition subversive. L'opposition de la Chambre nous donne depuis plusieurs années un bel exemple de modération, tâchons de l'imiter. Laissons là cette réforme électorale dont le plus grand défaut serait de compromettre la liberté en dépouillant de l'importance de leurs fonctions les électeurs actuels, pour diviser leurs pouvoirs entre trois millions ou plus d'électeurs qui ne s'en soucient, qui ne voudraient ni ne sauraient défendre leurs droits, ainsi que nous l'avons déjà vu lorsque Napoléon les a si facilement confisqués. Je ne sais si la réforme radicale produirait l'anarchie, mais il est certain qu'elle amènerait le despotisme.

Laissons ce problème insoluble de l'organisation du travail, par lequel on voudrait concilier et assurer en même temps la liberté et la sécurité de l'ouvrier. Cette nouvelle pierre philosophale, comme l'ancienne, amuse quelques esprits faux, et nourrit l'ambition de beaucoup d'intrigants qui s'en font un moyen pour séduire et tromper le peuple. Répétons aux ouvriers les paroles de Franklin, l'ouvrier imprimeur devenu riche, savant, homme d'état, ambassadeur en France; de Franklin, à l'esprit juste et au cœur droit, qui, ne cessant de s'occuper du sort de ses anciens camarades, leur adressait ces énergiques paroles : *Si quelqu'un vous dit que vous pouvez vous enrichir autrement que par le travail et l'économie, ne l'écoutez pas, c'est un empoisonneur.*

Que dans toutes les parties de la France les hommes de bien, les vrais patriotes, loin de se décourager, se réunissent pour atteindre ce but unique, relever la France de sa faiblesse et de sa honte. Qu'animés de cette sainte mission, ils cessent toute récrimination sur le passé, et oublient toutes les erreurs qui avaient pour base le bien public. Que les électeurs envoient à la Chambre des hommes de tête et de cœur ; des hommes d'une fermeté éprouvée, d'une probité non seulement passive et s'abstenant du mal, mais active et osant poursuivre les méfaits, quelque part qu'ils se commettent.

Songeons que l'indulgence est un grand moyen de force ; combattons l'erreur, la faiblesse, en les plaignant, et en rendant justice aux intentions.

Grand nombre d'anciens conservateurs ont enfin ouvert les yeux et se joindront à nous, surtout si nous donnons des garanties à l'ordre (1). Parmi les partisans de la paix, il est de bons Français qui combattraient vaillamment si la guerre était déclarée.

Ne prononçons plus ce mot de trahison qui nous a fait tant de mal, qui nous en ferait tant encore, et qui n'est pas Français, car jamais Français n'a trahi (2).

C'est surtout aux écrivains qui forment l'esprit public que je demande la modération. Qu'ils retiennent une indignation souvent légitime, en se rappelant que tout le monde veut le bien du pays. Qu'ils réservent toute leur verve contre l'Angleterre, qui nous a insultés. Leurs plumes ne sont pas, comme nos épées, condamnées à l'inaction ! Qu'ils les acèrent donc, et répètent à la France et au monde qu'il est une nation indigne ; qu'ils remplacent par le nom

(1) Dans la discussion de l'adresse, **M.** Piscatory avait présenté un amendement commençant par ces mots : *L'ordre intérieur maintenu avec énergie ; les lois exécutées sans faiblesse.* Il est curieux que ce soit la gauche qui ait appuyé ces paroles, et les centres qui les aient rejetées.

(2) M. de Bourmont a eu raison de se défendre de trahison : il a déserté, c'est bien assez ; il a passé à l'ennemi ! c'est cent fois trop ; mais il n'a pas trahi, car il n'a livré ni homme ni secret : ce n'a été qu'un soldat de moins.

d'Anglais ceux de Grec , de Juif, d'Arabe. Qu'ils accumulent aux
cœurs des Irlandais, des Canadiens, des Ioniens, de tous les esclaves
de l'Angleterre, un arsenal de haine, afin qu'ils se préparent à l'indépendance pour le jour où viendra le réveil du lion. Que toutes
les puissances comprennent que la ruine de Méhémet c'est la tyran-
nie des mers hautement annoncée.

La France, quoique isolée, peut réduire son état militaire, mais à
la condition de préparer des moyens moins coûteux ou plus
durables. Qu'elle continue les fortifications de Paris ; qu'elle re-
fasse la loi sur la garde nationale mobile, qui pourrait en moins
de trois mois lui donner trois cent trente mille hommes d'excel-
lentes troupes. Qu'elle évacue , au moins en grande partie ,
l'Algérie, puisque nos hommes d'état, au lieu de savoir organiser
cette province, et en faire un moyen de force, la laissent comme
un empêchement à toute guerre maritime.

Mais ce qu'il faut surtout combattre, c'est une erreur qui nous a
été bien fatale, et qui pourrait l'être plus encore. Après la révolution de Juillet, les hommes de cabinet qui arrivèrent au pouvoir,
sentant tout ce qui leur manquait de force, d'énergie, de connais-
sance du peuple, pour être hommes d'exécution, comprirent que
leur science, bonne en théorie, suffisante en temps de paix, serait
nulle pour conduire et diriger une guerre. Ils proclamèrent donc
les premiers cette funeste pensée, qu'une grande guerre ne pourrait être faite que par une Convention ; que l'énergie populaire aurait besoin d'être surexcitée par des excès, et que la force et les
efforts de la nation ne se produiraient que par une révolution.
C'était le parti de l'intimidation exercée sur les hommes timides ,
à l'aide duquel on effraie encore la moitié de la Chambre. Il
était tout naturel de penser que le parti républicain s'emparerait
de cet aveu de faiblesse, qui le rehaussait si bien. Lui aussi a
travaillé à propager cette funeste idée qu'une révolution serait un
moyen de force, et que les convulsions politiques augmentaient la
puissance.

Jamais idée plus fausse et plus fatale n'avait été produite. S'il
est un moyen de force pour un état en guerre, pour une armée surtout, c'est l'ordre et même l'obéissance passive. Quand les Romains
redoutaient un danger, ils nommaient un dictateur, lui donnaient

droit de vie et de mort, et suspendaient toutes les libertés; cette institution les a préservés six cents ans. Si Napoléon a fait de si grandes choses sans condamner la France aux mêmes misères que la Convention, c'est qu'il a d'abord rétabli l'ordre et l'obéissance aux lois. Que les hommes sages, que les vrais patriotes, repoussent donc cette vaine menace des uns, cette crainte puérile des autres, et que tout le monde se pénètre bien de cette idée, qu'en cas de guerre, le premier devoir d'un Français est de se serrer près du pouvoir, de lui obéir passivement, de lui prêter force et assistance en quelques mains qu'il se trouve.

Mais les erreurs et les fautes ne sont pas toutes d'un côté. Oui, je le dis avec conviction, la France doit imputer aux anarchistes la moitié de sa honte ; mais l'autre moitié retombe tout entière sur les hommes serviles, ou plutôt sur la servilité d'institutions mal comprises. Je vais ici m'expliquer avec une franchise que personne n'a encore osée, et indiquer la véritable difficulté de notre gouvernement.

La constitution dit que le roi nommera ses ministres. Mais tout le monde a compris que ce serait lui donner un pouvoir absolu s'il les choisissait selon son bon plaisir. Il est donc reconnu et reçu que les Chambres peuvent obliger le roi à renvoyer les ministres qui lui plaisent, dont les opinions sont conformes aux siennes, et le forcer d'en prendre dans une majorité qui contrarie ses vues. Sans cela, plus de gouvernement représentatif, puisque la nation, représentée par la majorité de la Chambre, serait obligée de céder devant une seule volonté (1). Mais comment n'a-t-on pas compris également que cette volonté royale, après avoir ployé sous la volonté nationale, ne pouvait plus, sur la première divergence d'opinions, renvoyer des ministres choisis précisément dans une opinion contraire à la sienne ! C'est pourtant ce qui est arrivé lorsque deux fois on a chassé des ministres unanimes ; et, cette fois, parce qu'ils suivaient une politique conforme à celle prescrite par la

____

(1) Nous avons vu naguère en Angleterre une faible majorité de quelques voix dans la chambre des communes l'emporter sur la volonté manifeste du roi et sur une grande majorité dans la chambre haute.

majorité de la Chambre. Que l'on ne dise pas que ce sont les ministres qui ont quitté, qui ont donné leur démission ; ils sont bien obligés de l'offrir si le roi refuse de contresigner les ordonnances qu'ils jugent nécessaires.

La Chambre, dira-t-on, a approuvé ce changement. La Chambre s'est soumise aux faits accomplis. Mais laissons là les exemples, ne voyons que le principe, et demandons comment la France pourrait exercer quelque ascendaut en Europe si son cabinet devait changer comme les saisons ; si nous avions, l'hiver, la politique de la Chambre ; l'été, la politique du roi. Entendre ainsi la constitution, c'est la rendre impossible, méprisable à l'extérieur, et odieuse à l'intérieur ; c'est découvrir la personne du roi, et lui faire porter la responsabilité.

La couronne, a dit M. Guizot, a deux fois rendu un immense service à la France en changeant de cabinet. Si M. Guizot pense ainsi, tout le monde a le droit de penser le contraire ; s'il parle ainsi, tout le monde a le droit de le réfuter, de le faire dans les termes les plus énergiques, et d'imputer à la couronne les malheurs et la honte de la France. Un souverain n'est inviolable que lorsqu'il est irresponsable : la constitution l'avait bien compris ; mais il n'est irresponsable que lorsque sa volonté ne prévaut pas : c'est le bon sens qui le dit.

Tous nos hommes d'Etat avaient senti les inconvénients de l'influence personnelle de la couronne : M. Périer en souffrait, dit-on; MM. Guizot, Soult, Passy et autres, qui avaient formé la coalition, disaient hautement que c'était pour combattre l'influence personnelle, devenue intolérable. Ils la déclarent salutaire, il est vrai, lorsqu'elle les appelle au pouvoir. M. Dupin, M. Jacqueminot lui-même, ont réclamé, et promis aux électeurs une véritable présidence du conseil.

Il est donc indispensable d'assurer la bonne administration par un principe immuable.

A côté de cette interprétation de la loi, de ce principe que le roi doit prendre ses ministres dans la majorité, admettons donc cet autre, qu'il n'en nommera que lorsque des vacances auront lieu, soit que le ministère ait perdu sa majorité, soit que, des ministres n'étant plus d'accord avec le président du conseil, celui-ci propose au roi leur remplacement. Mais que jamais le roi ne renvoie un ministère parce qu'il diffère d'opinion avec lui. Le rôle du roi est de faire abstraction de ses opinions personnelles pour observer et aviser conformément à l'opinion nationale. Établissons la puissance des premiers ministres, ce sont eux qui ont fait la gloire de l'Angleterre.

Voilà l'esprit de la Charte; quant à la lettre, elle dit que le roi nommera ses ministres, non qu'il les renverra.

Lorsque la France aura travaillé à consolider sa constitution, à réformer ses mœurs publiques; qu'elle se sera imposé cette probité, cette justice sévère, cette sincérité, sans lesquelles un peuple n'est pas digne de la liberté ; alors, quoique isolée en Europe, elle aura beaucoup fait pour sa puissance et sa dignité. Voyant du même œil la Russie, qui veut l'asservir, et l'Angleterre, qui veut l'humilier, la conformité d'intérêts, et surtout celle dans la moralité et la probité politique, la rapprocheront naturellement des peuples et des souverains de l'Allemagne. La France, avec ses trente-trois millions d'habitants, n'a pas besoin de s'agrandir : ses principes de liberté lui interdisent de conquérir les peuples; la confiance dans sa force lui rend inutile toute propagande au dehors. Que les souverains calment donc leurs craintes : la France souhaite le bonheur des autres peuples; mais elle sait que la première, la plus précieuse liberté, la plus sacrée à ses yeux, c'est le droit de chaque peuple de régler ses institutions sur ses mœurs et sur ses besoins. Oui, la France a des sympathies pour toutes les souffrances, pour tous les efforts généreux; mais elle ne se croit pas le droit d'intervenir dans les affaires intérieures de ses voisins.

Si toutefois elle devait combattre pour une cause juste, sachant bien que c'est à sa liberté, à ses institutions, à son territoire que l'on en veut, elle accepterait le *væ victis*. L'adjonction des provinces qui ont des sympathies pour elle pourrait lui être un moyen de force. Elle repousserait les sentiments anarchiques, qui ne sont jamais qu'une cause de ruine; mais elle accueillerait les nobles sentiments de nationalité et de liberté qui se présenteraient comme ses alliés contre des gouvernements tyranniques et agresseurs. Mais son désir est de respecter l'indépendance des nations amies, et, en elle, les gouvernements qu'il leur convient de garder et d'aimer.

C'est ainsi que, par sa sagesse, sa modération, autant que par sa fermeté, la France doit se préparer à venger son injure. Rappelons-nous que l'*Angleterre a voulu ruiner en Méhemet-Ali un trop fidèle allié de la France*, et que toutes divisions s'éteignent devant ce souvenir. Nous pouvions pardonner une injure personnelle, mais nous ne pardonnerons jamais la ruine d'un allié. Poursuivons-en la vengeance jusqu'à ce que la nation anglaise ait chassé ce cabinet infâme, qu'elle nous ait donné une éclatante réparation, et adopté une politique plus loyale. Mais, en poursuivant cette légitime vengeance, n'oublions pas que la Russie épie le moment de s'emparer des Dardanelles, et que ce serait la perte de notre indépendance.